ORGANISATION

POLITIQUE.

Imprimerie de PETIT, rue Saint-Denis, 380, passage Lemoine.

ORGANISATION POLITIQUE,

établie

SUR DES PRINCIPES AUSSI INVARIABLES QUE LA LOI NATURELLE, ET AUSSI CERTAINS QUE LES PREUVES MATHÉMATIQUES.

QUATRE CENTS MILLIONS

D'ÉCONOMIE

POUR LA FRANCE;

SUIVIE DE QUELQUES RÉFLEXIONS SUR L'ÉDUCATION DOMESTIQUE, CIVILE ET POLITIQUE DES FAMILLES ET DES PEUPLES.

Par J. Bourjon,

DÉDIÉ AUX PEUPLES ET A TOUS LES CITOYENS.

PARIS,

CHEZ TOUS LES MARCHANDS DE NOUVEAUTÉS.

1835

ORGANISATION

POLITIQUE.

J'essaie si, en écrivant sur la politique, je pourrai me rendre utile aux peuples. Bien des raisons puissantes m'y engagent : je n'en citerai que les feuilles publiques d'aujourd'hui, et cela suffira.

Les unes veulent l'existence des choses ; les autres aussi, mais avec redressement; d'autres en veulent le renversement; et d'autres enfin, le retour d'une famille trois fois expulsée. Toutes ont sans doute leurs vues et leurs intérêts respectifs : je ne chercherai pas à blâmer les unes ni à louer les autres. Les opinions sont libres : la presse existe; on peut se satisfaire.

Mais, comment concilier des allures si divergentes, avec les besoins pressans de la grande majorité populaire? Que doit-on penser d'un tel état politique des choses?

Je réponds, moi, qu'il n'est pas de nature à rapprocher le but que l'on se propose, qui est une nouvelle organisation de la société.

En effet, pourra-t-on parvenir promptement à ce but tant désiré, sans le concours unanime ou majorique des citoyens? Cela n'est pas possible ; surtout si ces nuances politiques se partagent la grande famille.

Dans ces graves et malheureuses circonstances, chacun de ces partis vise pourtant à obtenir le dessus, et sans chercher positivement à convaincre les masses ; car ce n'est pas en publiant de la métaphysique ou des articles auxquels les masses ne comprennent rien ; ce n'est pas seulement en attaquant ou en redressant les actes du pouvoir ; ce n'est pas par des injures, par des plaisanteries plus ou moins bouffonnes, faites à tels ou sur tels de messieurs de la doctrine ou du pouvoir, que l'on emportera le point. Il faut un plus puissant véhicule que tout cela.

Profondément pénétré des droits du peuple français, pour lesquels il se sacrifie depuis de longues années ; indigné de la duplicité, de la trahison dont il est l'objet ; intimement convaincu qu'il peut être éminemment heureux dans la possession exclusive de ces droits, déterminés par de sages lois, des lois simples, parce qu'elles seront fondées sur la nature même, je joins mon faible génie à celles de ces feuilles qui s'en occupent le plus spécialement, et dans l'espoir que les autres qui prennent une direction toute contraire suivront mon exemple quand elles seront persuadées.

O puissante vérité ! apparais ; viens à moi : j'ai besoin de tout ton éclat, de toute ta force, pour porter la conviction dans l'esprit de mes semblables. Je ne veux que leur bien, rien que leur bien : le démontrer sans faire aucun mal, sans même froisser des intérêts particuliers, est mon seul désir.

C'est un grand mal qu'une révolution qui n'apporte aucun changement en mieux dans le corps social? Outre qu'il a long-temps à déplorer un sang précieux, versé sans fruits, il souffre aussi d'un malaise, d'une sorte de gêne qui ne prolonge pas moins l'engourdissement de sa vitalité.

Mil sept cent quatre-vingt-neuf, mil huit cent quatorze et quinze, mil huit cent trente et postérieurement encore, Paris, Lyon, Grenoble, attestent assez l'inperfection de la constitution de l'état, et que la monarchie, en France, est usée.

Toutes ces organisations, basées sur le privilége, sur le faux brillant, sur les riens, finissent par passer de mode, par tomber de vétusté; et quelles que soient les précautions que l'on prenne pour les maintenir, elles ne peuvent suivre la marche de la civilisation, le progrès des lumières qui en exige d'autres plus sages, plus simples et plus conformes à la nature.

L'espèce humaine, comme toutes les autres espèces, tend à sa propre conservation, et tant que le ciel et la terre existeront, elle régnera, ce qui veut dire qu'elle régnera toujours; le globe qu'elle foule est sa propriété; elle n'est la propriété de personne.

Il suit de là que cette propriété, divisée en portions inégales, ne peut être exploitée que par elle et pour elle.

En se partageant la terre dont elle est sortie, l'espèce humaine s'est fractionnée elle-même inégalement, pour rendre plus forts ses individus qui, trop isolés les uns des autres, seraient trop faibles. Ces fractions forment toutes autant de corps sociaux, tous naturellement indépendans, quoique unis entre eux, par la loi sacrée de la nature, qui les rend frères et n'en fait qu'une seule et grande famille.

Ainsi, les corps sociaux considérés comme frères, par une fiction de la loi naturelle, possèdent en toute propriété, et de leur chef, le vaste domaine du globe terrestre. L'un en a la moitié; l'autre, le tiers; l'autre, le quart; les autres des portions moins considérables encore, suivant le sort, les conquêtes ou le partage.

Ce partage ainsi fait et sanctionné par le droit naturel, confère aux propriétaires le caractère de propriétaires incommutables ; et les propriétés qui en sont l'objet, sont respectivement inviolables et sacrées ; en sorte que si l'un des corps sociaux portait atteinte à l'une d'elles , il commettrait un crime aussi répréhensible que celui qui serait commis par un membre du corps social , en portant atteinte à la propriété de son concitoyen. Celui-là serait infiniment plus grand que celui-ci , à raison de la masse des intérêts individuels compromis. On conçoit que le mode de répression ne serait pas le même, puisque l'un aurait lieu par la force des armes, et l'autre en recourant aux tribunaux.

Au surplus, comme les nations ont toutes plus ou moins d'intérêt à ce que l'une n'anticipe pas , sans raisons ni prétexte, sur les biens de l'autre, elles se protègent mutuellement. Mais il est infiniment mieux que chacune puisse se passer de protection, en se constituant d'une manière assez forte pour se faire respecter.

Ce n'est pas l'extrême étendue de ses possessions, ni la multiplicité de ses membres, qui fait la force du corps social; c'est sa constitution, sa civilisation et son éducation politique.

La constitution civile et politique d'un état, selon moi, embrasse tous les individus capables de tous les actes de la vie civile. Elle forme, pour leur sûreté personnelle, pour leur défense intérieure et extérieure, une chaîne qui les rend indivisibles et invincibles. Cette chaîne elle-même ne peut être rompue; parce que de grands intérêts attachés au sol en rivent les anneaux.

L'augmentation progressive de ces anneaux est à raison de l'augmentation progressive des citoyens; car, si une chaîne de mille citoyens, par exemple, se compose d'un million d'anneaux, quelle n'en sera pas la quantité de celle de dix millions et plus! Tous parfaitement égaux entre eux, ils montrent à l'esprit l'égalité mathématique des devoirs qu'ont les citoyens les uns envers les autres.

Considérés individuellement, les citoyens sont dans l'exercice de leurs droits respectifs, libres, indépendans les uns des autres; et comme ils sont tous sortis de la même source, pétris de la même matière, ils sont par conséquent tous égaux devant la loi;

ainsi point de privilége, point de distinction de naissance, point de titres de noblesse : le mérite seul les distingue.

Les citoyens ainsi liés constituent la souveraineté de l'état. Cette souveraineté se déploie et se montre partout, dans toutes les communes disséminées sur la surface du territoire; elle se montre à proportion de l'étendue de chacune, et chacune est administrée par les citoyens qu'elle renferme.

Quoiqu'indépendantes les unes des autres, les communes se protégent toutes, ou pour mieux dire, elles ne forment entre elles qu'un seul faisceau capable de résister à toute espèce d'ennemi.

Comme il y a unité d'intérêts, il y a aussi unité d'action. L'unité d'action, produite par l'unité d'intérêts, est l'âme et toute la force du corps social.

Cette force d'unité ne saurait être plus colossale, puisque ce sont non-seulement les citoyens eux-mêmes qui l'exercent, mais encore tous les jeunes gens en état de porter les armes.

Ainsi, devenus habiles dans l'art militaire, par l'exercice qu'ils en font tous les dimanches; persuadés qu'il n'y a pas de défense plus certaine, plus efficace que celle qui s'exécute par le moyen de ses propres forces; persuadés qu'il n'y a de garantie, de sûreté, de tranquillité plus grande que celle qui résulte de la garde alternative des citoyens mêmes; ils ne sauraient se fier à cette bande équivoque de limiers de la police ; à cette soldatesque ignorante, instrument d'oppression éminemment passif, n'ayant pas la faculté de discerner le bien d'avec le mal ou le mal d'avec le bien, et qu'il faudrait cependant entretenir à grands frais pour se faire tuer.

Les organes de cette puissante locomotion, sont subordonés les uns aux autres, et s'exécutent successivement et au besoin simultanément; ainsi les officiers des villages et hameaux reçoivent les ordres de l'officier qui commande le canton; les officiers des cantons, reçoivent les ordres de l'officier qui commande l'arrondissement; les officiers des arrondissemens reçoivent les ordres de l'officier qui commande le département, et les officiers des départemens reçoivent les ordres de l'officier supérieur qui est le principal organe ou la cheville ouvrière de toute la force locomotrice.

Chacun de ces officiers, extraits du nombre des citoyens, est élu à la majorité des suffrages par le corps qu'il commande.

En temps de paix, cette armée ne coûte presque rien à l'état; en temps de guerre, l'armée active seulement est soldée.

Partisans du gouvernement monarchique, c'est à vous que je m'adresse : comparez cette force, cette garantie, cette économie politique de trois à quatre cents millions et plus, avec la force, la garantie et l'économie politique de votre système déceptionnel.

Mais y a-t-il rien de plus admirable que cette armée toujours prête, qui s'ébranle au premier signal; que cette armée dont les citoyens et les jeunes gens qui la composent ne cessent leurs travaux ou la surveillance de leurs intérêts respectifs, qu'à l'instant même où la patrie est en danger ; que cette armée enfin, que l'on peut, selon les circonstances, augmenter ou diminuer à volonté, et sans perdre de temps ?

Les autres branches relatives à l'organisation civile et politique dont il s'agit, ne sont ni moins simples, ni moins dignes de fixer l'attention du lecteur.

J'ai dit que les différens corps sociaux s'étaient partagé le globe terrestre; que ce partage, sanctionné par le droit naturel, en rendait inviolables et sacrées les portions respectives ; que l'attentat ou l'envahissement était un crime qui méritait punition. Ces principes, fondés sur la nature des choses, sont d'éternelle justice. Ils consacrent la durée des sociétés. Ils recevront encore plus d'une fois leur application.

Ces portions, objet du partage dont je viens de parler, sont elles-mêmes subdivisées entre les membres des corps sociaux. De là naissent une foule d'intérêts et de contrats, dont les uns tiennent au droit des gens, et les autres au droit civil.

Les rapports, les relations de toute espèce, entre membres de la grande et petite famille, déterminent ces intérêts et ces contrats ; les avantages qui en résultent, sont la propriété exclusive des intéressés.

Cette propriété également sacrée, est mise, suivant sa nature, sous la sauve-garde de tel ou de tel pouvoir qu'il importe de faire connaître.

D'abord, dans mon système, tout se lie, tout s'enchaîne : je marche de principe en principe, de consequence en conséquence; par ce moyen, les difficultés les plus sérieuses s'aplanissent.

Qui sait! peut-être que si ce petit ouvrage écrit à la hâte tombait sous les yeux d'un génie transcendant, il lui ferait entrevoir la possibilité d'établir des règles gouvernementales, fondées sur des preuves mathématiques, lesquelles règles seraient adoptées par tous les peuples, qui ne formeraient alors entre eux qu'une seule société, pour exister plus heureusement. Ces règles seraient immuables comme celles qui régissent la machine universelle.

En attendant ce phénomène, je reviens à mon explication.

La garantie des intérêts généraux et particuliers diffère selon leur nature : mais quels qu'ils soient, cette garantie est toujours confiée à ses pairs.

Ainsi, le membre d'un corps social a-t-il une action à intenter contre un membre du même corps ? Il s'adresse à des magistrats citoyens spécialement chargés d'en connaître.

Le membre d'un corps social a-t-il une action à intenter contre le corps social lui-même ? Le mérite de cette action est également apprécié par des magistrats citoyens indépendans ; c'est-à-dire hors de toute influence gouvernementale; et si les droits résultans de cette action sont déclarés légitimes, ils sont certainement acquittés dans le plus court délai. Si donc son existence en dépend, il n'est pas obligé de croupir dans la misère, comme certains particuliers que je connais, dont les droits contre le gouvernement français, ne sauraient être plus justes. Ces pauvres malheureux traînent depuis quinze ans au moins, une vie languissante, toujours dans l'espoir d'être payés ; espoir qui bien certainement descendra avec eux dans la tombe.

Le membre d'un corps social a-t-il une action à intenter contre le membre d'un autre corps social? Il est obligé de recourir aux magistrats de ce dernier, qui se trouve hors du territoire ; ce qui fait que nos lois ne le peuvent atteindre. Ces magistrats citoyens de son domicile, sont tenus, d'après les lois civiles et naturelles, de lui rendre justice. Si ces lois étaient méconnues par eux, alors il ne trouverait plus de protection, de garantie que dans son propre pays, dont le premier organe agirait comme dans le cas suivant.

Enfin, le membre d'un corps social a-t-il une action à intenter contre un autre corps social? Cette action est appuyée par le principal organe du corps social dont il fait partie ; c'est-à-dire, par la cheville ouvrière de toute la force locomotrice.

Ces exemples, qu'il est inutile de multiplier, parce qu'ils peuvent embrasser tous les cas possibles, prouvent combien est grande la sécurité, la garantie individuelle et collective des citoyens, de leurs propriétés, de leurs droits, et de leurs intérêts respectifs et généraux !

Dans tous les cas, il y a réciprocité, c'est-à-dire, que les mêmes avantages existent d'un côté comme de l'autre.

Les actions criminelles suivent le même principe que les actions civiles et politiques.

Ainsi, le délinquant, le criminel, le traître, celui qui commet un attentat contre la société, l'insurgé, l'assassin est jugé par ses pairs.

La peine de mort n'existe pour aucun crime quelque grand qu'il soit; il n'appartient point aux humains de l'infliger de sang-froid. L'accusé lui-même ne se possède pas, n'a pas toute sa raison quand il donne la mort à son semblable.

La peine de mort n'apporte aucune amélioration : l'humanité la repousse comme horriblement odieuse. Elle ne détruit pas les besoins, la paresse, l'ambition, la cupidité, l'avarice, l'égoïsme, la jalousie, la haine, la vengeance et autres passions qui poussent au crime, et dont la source existe dans la mauvaise organisation des sociétés, dans le mauvais système d'un gouvernement.

En effet, qu'est-ce que ces sortes de sociétés où l'on remarque d'un côté l'extrême opulence et d'un autre côté l'extrême misère; ces royautés autour desquelles se groupent les privilégiés, les intrigans qui se jettent sur les places, commes les chiens sur la curée !

Si vous voulez détruire le crime dans sa racine, commencez par établir le corps social de manière à placer le membre qui en fait partie dans une position où il n'aura pas d'intérêt à le commettre; car, si en travaillant, il peut se nourrir lui et sa famille, la pensée ne lui viendra pas d'assassiner son concitoyen, qui peut être plus riche que lui, mais dont la fortune n'est pas acquise à ses dépens, à la sueur de son front. Si, au contraire, il manque de travail, ou si quelque commerçant privilégié, monopoleur, pour s'engraisser davantage, le met dans la dure nécessité de travailler à vil prix, il ne pourra pourvoir à sa subsistance ni à celle de sa famille. Cette horrible position n'est-elle pas dans le cas d'altérer ses facultés morales, et de le porter à commettre le plus grand crime? Et l'on condamne à mort et de sang-froid un être qui avait presque perdu toute sa raison quand il a commis ce crime!

Ces sortes de plaies qui jusqu'ici ont toujours fait le malheur des peuples, disparaissent par ce système; conséquemment pas de crime parce qu'il serait gratuitement commis.

Toutefois, l'assassin, le voleur de profession, le grand criminel, et tout individu capable de faire beaucoup de mal à la société, va, après jugement, grossir au-delà des mers le nombre des Caraïbes.

L'extradition a lieu pour les criminels, afin qu'ils soient jugés par leurs magistrats naturels, ou subissent la peine déterminée par la loi.

La liberté de la presse qui est l'âme, la vie, la première sentinelle vigilante du corps social, est illimitée et affranchie de toute entrave, ainsi que la faculté permise à chacun d'en faire usage.

Dans ce système où le peuple se gouverne lui-même, la liberté de la presse ne saurait être qu'un grand bien et jamais un mal. La raison en est que le citoyen qui en fait usage, ne peut aiguiser son dard qu'en faveur du corps politique et jamais contre le corps politique. S'il prenait ce dernier parti, il se nuirait à lui-même gratuitement, puisque lui-même fait partie de ce corps, et exerce une portion de la souveraineté nationale.

Ce qui est bien différent du gouvernement monarchique ou représentatif, dans lequel le peuple et le pouvoir forment une double échelle dont un côté est tôt ou tard écrasé, parce qu'il ne peut pas toujours supporter l'autre ; dans lequel le peuple et le pouvoir sont en guerre permanente, guerre qui ne peut cesser qu'avec les élémens qui la constituent : c'est dire qu'elle ne peut jamais cesser !

Dans le premier système, figurez-vous un seul homme dont les organes sont parfaitement en harmonie les uns avec les autres, et s'exécutent tous chacun pour l'office qu'il doit remplir, et toujours dans l'intérêt et le bien-être de cet homme que rien ne peut renverser.

Dans le second, figurez-vous, au contraire, deux hommes ennemis acharnés l'un contre l'autre ; deux hommes qui se disputent, corps-à-corps, le terrain, et dont l'un vise à détruire et l'autre à opprimer son implacable adversaire, et comparez.

Il faudrait être de la plus grande stupidité ou de la plus insigne mauvaise foi, pour ne pas convenir de l'immense supériorité de celui-là sur celui-ci.

Les citoyens veillent eux-mêmes et alternativement à leur tranquillité, à leur sûreté personnelle, c'est-à-dire, qu'ils ont la police de leur commune respective. Ils établissent en conséquence les lois et les réglemens nécessaires aux approvisionnemens, à la salubrité de la ville, des comestibles, des liquides, et à la prospérité du commerce dans toutes les branches. Quelle garantie ! quelle économie ! quel bonheur général ! comparez encore avec la police et les fonds secrets du gouvernement monarchique, et jugez.

Les fonctions publiques, quelles quelles soient, sont attribuées aux citoyens les plus recommandables par leurs vertus, leur sagesse, leur patriotisme et leur capacité. A cet égard, l'opinion générale est suffisamment fixée par la voie des journaux.

Les fonctions particulières sont mises au concours ; en sorte qu'il y a rivalité de mérite pour toutes, et c'est précisément ce qu'il faut.

Enfin, les emplois dans les administrations publiques sont donnés au mérite, sur la proposition de plusieurs citoyens respectables qui garantissent la moralité de l'employé. S'il y a égalité de mérite, les prétendans tirent au sort. Par ce moyen les intrigues et les faveurs ne sont pour rien dans la nomination qui se fait toujours avec justice.

Sous Louis XVIII et Charles X, toutes les fonctions publiques, grandes comme petites, étaient confiées aux jésuites ignorans ; sous Lous-Philippe, leur cousin, elles sont données aux doctrinaires. Je ne sais trop si ces derniers sont plus instruits que leurs prédécesseurs, je ne les connais nullement; mais si j'en juge par l'actif et le passif de leur administration respective, je crois qu'ils sont plus habiles dans la confection d'un budjet qu'en économie politique. Toutefois, je m'empresserai de rendre justice au ministre actuel des finances; car, depuis qu'il est à la tête de l'administration de ces espèces dont s'engraissent les doctrinaires, après les jésuites, il a déjà porté ses *vastes* conceptions d'économie politique, jusqu'à forclore les créanciers du trésor. Il a pensé que le plus sûr moyen de l'enrichir était de ne pas payer ses dettes, quelque légitimes qu'elles fussent d'ailleurs. En cela il a raison; le gouvernement monarchique a plus besoin d'écus que de justice et d'amis

Cependant les choses ne se pratiquent pas ainsi, dans cette organisation politique, où il ne se commet aucune injustice, et dont les besoins n'excèdent pas six cents millions. Les ennemis y sont rares : l'unité n'en souffre pas. Eh! que pourraient quelques ennemis contre une puissance souveraine aussi colossale? Et d'ailleurs, pour quelles raisons y aurait-il des ennemis, quand toutes les portions politiques et civiles sont égales et combinées de manière à frapper les sens du plus ignorant? On ne saurait l'être sans dessein de vouloir usurper; et tout le monde, aujourd'hui, est assez éclairé pour comprendre que l'usurpation sur les droits des peuples, n'existe que depuis trop long-temps ; il leur importe de lui voir terminer sa honteuse carrière.

De toutes les propriétés, la plus sacrée, selon moi, c'est l'exercice des droits civils et politiques. Retirer aux citoyens la jouissauce de cette propriété, ce n'est pas seulement commettre un vol, une usurpation aussi répréhensible, aussi punissable que si on leur retirait la jouissance du fonds auquel leur existence est attachée ; c'est de plus les dégrader, les avilir, les ravaler au niveau de la brute.

Quand ils sont bien pénétrés de toute l'importance de cette propriété ; qu'ils ont le sentiment de leur être, de ce moi, sur tout, qui, dans certaines circonstances, a une force si énergique, ils ne la revendiquent pas, que doit-on dire d'eux? on doit dire que ce sont des lâches qui ne font aucun cas des sublimes facultés dont la nature les a doués.

Remarquez bien que le mot lâches n'est pas une épithète trop forte ; car ils savent tous, ou du moins l'expérience qui existe, à leurs dépens, depuis des siècles, a dû leur apprendre que l'usurpation de cette propriété conduit inévitablement à l'usurpation si non directe, mais indirecte d'une autre propriété : la surcharge des impôts ordinaires et extraordinaires de toute espèce, par exemple, et toutes ces taxes vexatoires qui entravent d'une manière si sensible les affaires commerciales, en sont la conséquence.

Habitans de toutes les cités ! faites vos affaires vous-mêmes, administrez-vous : ne confiez le gouvernement de vos grands intérêts publics qu'à vous seuls. Vous y gagnerez le cent pour cent. Cette résolution qu'il vous faudra prendre tôt ou tard, si vous voulez être éminemment heureux, est la plus belle, comme la plus vaste conception d'économie que l'on puisse imaginer. Elle ne froisse les intérêts de personne, puisque toutes les propriétés, tous les droits corporels et incorporels sont respectés, maintenus et garantis d'une manière qui ne laisse rien à désirer. Elle ne fait tort qu'aux hommes du pouvoir dont vous êtes embâtés.

Pour se convaincre de cette vérité, on n'a qu'à procéder du connu à l'inconnu ; c'est-à-dire, passer d'une petite chose parfaitement comprise, à une grande qui ne peut l'être aussi clairement, parce qu'elle se trouve plus compliquée.

L'homme, parce qu'il est sensible, recherche la tranquillité, le bien-être et même le bonheur si jamais il peut exister. Pour atteindre ces différens états, qui lui rendent la vie légèrement supportable, il se forme un plan de conduite et d'économie domestique. S'il est ouvrier, il règle sa dépense sur la quotité de sa journée ; s'il est marchand, commerçant, fabricant, manufacturier, agricole, il règle sa dépense sur les produits de son fonds, de son terrain ; s'il est rentier, il règle encore sa dépense sur la quotité de ses revenus ; et quelque soit l'état ou la profession qu'il exerce, il suit toujours le même principe.

Personne ne peut mieux le faire que lui, parce que personne ne connaît mieux sa position et l'état de ses affaires.

Il y a une autre raison : c'est qu'en établissant une telle règle, il sait pourquoi et pour qui il l'établit : il a le sentiment de ce qu'il fait. S'il confie cette économie à un étranger, ce sentiment cesse avec la cause qui l'avait produit. De là, deux conséquences qui l'affectent.

La première, c'est la pénible incertitude de ce qui arrivera touchant ses affaires confiées à cet étranger ; incertitude qui lui cause des insomnies.

La seconde, c'est un surcroit de dépenses ; car, outre que ce nouvel administrateur peut avoir la main leste, il faudra l'appointer annuellement.

Ainsi le meilleur valet est incontestablement celui qui se sert lui-même.

Mais tous les hommes, quoique organisés de la même manière, sont plus ou moins capables, parce que leurs facultés sont plus ou moins développées. Cela étant, il faudra bien que l'ignorant ou l'incapable s'adresse à quelqu'un doué de plus de lumière, qui l'aidera de ses conseils ou de sa personne.

Ce raisonnement prouve, on ne peut mieux, que l'ignorance ou l'incapacité dans les affaires domestiques, comme dans les affaires civiles et politiques surtout, peut être considérée comme un grand malheur, puisqu'elle nécessite l'intervention d'un aide, dont peut-être il faudra payer fort cher les services. Il prouve aussi combien il importe de cultiver son esprit. Toutefois, l'homme n'est pas tellement ignorant ou incapable qu'il ne puisse savoir ce qu'il fait, ou venir à bout de ce qu'il entreprend, surtout si la chose n'est pas au-dessus de ses forces. Du reste, il fera fort bien de consulter ses amis, et d'avoir l'œil à ses affaires; car l'œil du maître voit toujours mieux que celui qui le remplace.

Maintenant, si l'on considère le préjudice individuel résultant de ces deux circonstances, savoir: celle où l'homme confie ses intérêts à un étranger, et celle qui tient à son ignorance ou à son incapacité; on voit clairement que ce préjudice individuel est à l'homme qui l'éprouve, ce que le préjudice collectif, ou tous les préjudices réunis, sont au corps social.

Un exemple frappant achèvera de porter la conviction dans l'esprit de mes lecteurs.

Tout le monde sait qu'en mil huit cent quatorze et quinze, les alliés, rois et empereurs, secondés par des peuples dupés, sont venus imposer à la France, une famille dont, certes, elle n'avait que faire. Ils ont jugé, sans doute, par sa constitution, par la faiblesse de son organisation d'alors, qu'elle ne voulait ou ne pouvait se gouverner elle-même; que par conséquent, elle serait de pâte à recevoir ce présent en échange de plus d'un milliard, sans compter bien d'autres richesses et les rognures du territoire. Leur jugement ne s'est que trop vérifié! et les Français individuellement ou collectivement, se souviendront long-temps de ces hôtes inutiles et du prix qu'ils leur ont coûté.

Voilà donc ce qui est arrivé et ce qui arrivera toujours, quand un peuple ne voudra ou ne saura se gouverner lui-même; quand un peuple aura la maladresse de se confier à la royauté.

Cependant, instruit à l'école du malheur, c'est-à-dire, par plusieurs expériences ruineuses, le peuple français a suffisamment prouvé, lors des journées de Juillet, que ce système de gouvernement ne convenait plus à ses mœurs; c'est pourquoi il a voulu s'en dépétrer; mais il a pensé que le mal était dans les personnes qui constituaient la royauté, et non dans la royauté elle-même. Quelle niaiserie!

La royauté! mais qui ne sait que la royauté, avec tout son attirail, est au peuple ce que la garnison est au contribuable? Oh! mon Dieu! ni plus utile, ni moins à charge; et fut-elle sous la figure de Henri IV, secondé par tous les Sully de l'univers, elle serait encore de même. Il est aussi certain que deux hommes d'un égal appétit, dépenseront une fois plus qu'un seul, qu'il est certain que deux et deux font quatre.

Il y a plus : la royauté n'est pas seulement un lourd fardeau pour une nation; elle est aussi, comme on l'a déjà dit, un principe de discorde dans son sein; ce qui n'est pas moins malheureux.

Pourquoi cela? Parce que le pouvoir dont elle est revêtue pour sa conservation, la rend essentiellement suspecte au peuple qui la considère, non comme sa protectrice, tant s'en faut, mais comme un corps étranger, posté là pour espionner ses actions, ses intentions et le contenir dans de certaines bornes.

Si la royauté se trouve dans la dure nécessité de contenir le peuple, donc elle se défie de lui; or, le peuple a la même raison de se prémunir contre les envahissemens de la royauté; par conséquent, il y a réciprocité de défiance entre la royauté et le peuple, parce qu'il y a réciprocité de crainte d'envahissement.

Tel est le vice capital de cette organisation politique; vice qui a causé et causera toujours de sanglantes révolutions.

Ce que j'ai dit jusqu'ici suffirait parfaitement, pour prouver jusqu'à l'évidence, que ce malheureux système est à cent lieues de pouvoir soutenir le parallèle avec celui que je cherche à établir sur les immuables bases de la loi naturelle. Toutefois, j'ajouterai, pour plus de conviction encore, que ce dernier ne renferme en lui-même, ni germe de division, ni principe de révolution, ni vice capable de porter atteinte à son éternelle durée.

Pour acquérir toute cette conviction, il faut commencer par bien connaître toutes les parties organiques du corps social dont il s'agit.

Et d'abord, ce corps n'est autre chose qu'un homme fictif dont la force athlétique, les organes et les ressorts se subdivisent à proportion de l'étendue de ses membres.

Ces organes et ces ressorts ont la propriété de mouvoir, de réunir ou de centraliser, au besoin, toutes les parties de ce corps.

Ainsi, le chef ou principal ressort commence d'abord par donner le mouvement à quatre-vingt-six autres ressorts dont un dans chaque département.

Le ressort de chaque département donne lui-même le mouvement à plusieurs ressorts dont un se trouve dans chacun des arrondissemens de sa circonscription ;

Le ressort de chaque arrondissement donne aussi le mouvement à plusieurs ressorts dont un est placé dans chacun des cantons de sa circonscription ;

Enfin le ressort de chaque canton donne le mouvement à plusieurs ressorts dont un est placé dans chacun des villages et des hameaux de sa circonscription.

Par cette division et subdivision des organes et ressorts, on voit clairement que leur force individuelle est proportionnée au volume de la partie qu'il est chargé de mouvoir. Tout est dans l'ordre de la nature des choses.

Maintenant, que tous les ressorts agissent simultanément, on verra se centraliser toutes les parties qui constituent la force colossale de ce corps ; c'est-à-dire, qu'on verra tous les villages et hameaux se réunir sous la direction de l'organe du canton ;

On verra tous les cantons se réunir sous la direction de l'organe de l'arrondissement ;

On verra tous les arrondissemens se réunir sous la la direction de l'organe du département.

Enfin on verra tous les départemens se réunir sous la direction du premier moteur qui, avec toutes les autres causes et leurs effets, constitue l'unité souveraine.

Le lecteur a dû remarquer plus haut, que tous les organes ou ressorts ci-dessus sont élus ou choisis chacun par la partie qu'il est chargé de diriger ou à laquelle il donne le mouvement ; c'est-à-dire la cause par son effet.

Telle est cette organisation politique. Elle forme un tout parfaitement homogène. Il est facile de voir que les parties qui concourent à le former, grandes comme petites, n'impliquent pas la moindre contradiction ; pas plus que celles qui animent un être quelconque.

On peut l'analyser, la disséquer, la mettre au creuset, lui faire subir la plus rigoureuse épreuve, elle se joue de toute espèce de critique défavorable.

Les lois qui marchent d'accord avec elle sont simples, claires, bonnes et faciles à établir ; parce qu'elles sont la conséquence et le développement de la loi naturelle qui leur sert de fondement.

La loi n'est pas seulement une règle qui ordonne ou défend ; elle est aussi une convention synallagmatique établissant et déterminant les droits absolus et relatifs de tous les citoyens en général ; conséquemment, pour qu'elle soit valable ; pour qu'elle les soumette ou oblige tous sans exception, il importe qu'ils concourent tous si non directement, au moins indirectement à son institution.

D'où il suit que, si le corps législatif n'était élu seulement que par une fraction de citoyens, comme aujourd'hui cela se pratique en France, il n'aurait ni le caractère, ni le pouvoir suffisant pour faire une loi; et la loi qu'il ferait malgré l'imperfection de ce mandat, outre qu'elle serait tout aussi nulle qu'une simple convention synallagmatique, intervenue entre deux particuliers qui ne l'auraient pas signée tous deux, elle serait de plus un sujet de discorde pour les citoyens.

Ainsi la loi est discutée et votée par le corps législatif, dont les membres en nombre déterminés, sont élus par tous les citoyens indistinctement, à la majorité des suffrages.

Les membres du corps législatif sont salariés.

Enfin, une loi spéciale fixe et détermine la responsabilité des ministres

Je renvoie à un temps plus opportun tout ce que je pourrais dire là-dessus.

Avant de passer à une autre matière qui a quelque trait à celle-ci, je supplie mon lecteur de croire que je suis loin d'avoir la prétention qu'un tel ouvrage de pure invention, fait en moins de quinze jours, et dans des momens peu tranquilles, ait acquis seulement la centième partie de sa perfection : non. J'ai pensé qu'en le publiant tel qu'il est, il inspirerait à quelque génie favorisé du ciel, l'idée de traiter

d'une manière plus approfondie ce grave sujet, vain-
queur du temps et de la Parque, pour me servir de
l'expression d'un charmant poëte. Du reste, qu'il
soit imparfait ou non ; bien ou mal écrit, il n'en est
pas moins une production toute consciencieuse,
toute naturelle ; et la vérité qui sortira du sein de la
polémique dispute, qu'il fera naître dans tous les
pays, m'apprendra si ma conscience m'a trompé.

Je terminerai par quelques lignes sur l'éducation
domestique, civile et politique des familles et des
peuples, ainsi que sur la morale et les vertus qui
leur sont nécessaires et même indispensables pour
être heureux.

Ce chapitre exigerait un gros volume : mais, n'est-
ce pas perdre son temps que de faire un gros ouvrage?
S'il est trop savant, il n'est pas compris ; s'il est mauvais, c'est pis encore ; s'il n'est ni l'un ni l'autre, il
n'est pas lu ; ainsi point de bon résultat.

Je voudrais donc, s'il était possible, faire entrer
dans une seule page, tout ce que j'ai à dire, afin qu'on
voulût bien se donner la peine de me lire, et surtout
de me comprendre sans trop de contention d'esprit.

L'enfant passe des mains de la nature en celles
de sa mère ou de sa gouvernante. Il doit à celle-là
le germe qu'il recèle, et à celle-ci les premiers fruits
que ce germe produit. Il lui doit aussi la propreté
qui lui donne la santé.

Ces fruits sont, entre autres, l'écho des articulations et inflexions du langage qui le frappe.

Ces articulations et inflexions sont bonnes ou vicieuses : si elles sont bonnes, elles distinguent son débit ; si elles sont vicieuses, elles lui impriment un accent dont, peut-être, il ne se corrigera jamais.

C'est de là que dérive le vice de prononciation qui existe dans chaque province, vice qui porte préjudice à l'orateur.

Après la nourriture qui doit être saine et frugale, rien n'est plus avantageux que la propreté et l'exercice du corps et de l'esprit.

Par la propreté, qui consiste à se laver tous les jours, dans toutes les saisons, les parties du corps, la figure et principalement la bouche, afin que les dents habituées à l'eau froide, à l'eau glacée même, n'aient rien à craindre de l'aquilon le plus mutiné, on pousse loin sa carrière, et l'on paraît presque toujours jeune ;

Par l'exercice du corps, on augmente ses forces ; on conserve sa vigueur et son activité ; on évite la pléthore ou l'excessif embonboint, qui sied fort mal à la jeunesse parce que c'est très-laid, et qui, dans l'âge mûr, est non-seulement une véritable infirmité, mais encore une vieillesse prématurée ;

Par l'exercice de l'esprit, on acquiert des connaissances, on devient savant, habile ; on se rend utile à sa patrie, à ses semblables, et l'on passe une vie exempte d'ennuis et de remords.

Ainsi, la propreté, l'exercice corporel et spirituel, sont trois choses qui doivent incessamment occuper l'homme jusqu'au tombeau.

La semence que la nature se plaît à introduire

dans les principaux organes de l'enfant, peut produire toutes ces choses, et bien d'autres encore, si elle est convenablement développée ; dans le cas contraire, elle reste stérile, à moins que, doué d'un naturel extraordinaire, il ne prenne de lui-même un essor capable de franchir tous les obstacles ; ce qui peut arriver quelquefois, mais rarement.

Telle est l'éducation, tel est l'enfant. Il suit de là que si ses parens n'ont eux-mêmes ni le pouvoir ni les qualités réquises pour l'instruire, le choix d'un précepteur est loin d'être indifférent.

La meilleure éducation est incontestablement celle qui se fait d'après la nature et l'expérience même des choses qui tombent sous nos sens ; c'est-à-dire, que nous pouvons apprécier et toucher au doigt et à l'œil.

Je dis que, c'est la meilleure, parce que étant faite de cette manière, l'enfant ne peut être trompé. Il le sera d'autant moins qu'on ne manquera pas de mettre le motif ou la raison à côté de la chose expliquée.

Par exemple, en parlant du respect et de l'obéissance qu'il doit à ses parens ;

En parlant de l'amitié et de l'attachement qu'il doit avoir pour ses frères et sœurs ;

En parlant du respect, de la considération, de la bienveillance et de l'humanité qu'il doit avoir pour son voisin, pour tous ses semblables enfin ;

En parlant du bien qui appartient à chacun d'eux, bien qui est inviolable et sacré, et auquel, par conséquent, il est expressément défendu de toucher, sous peine d'être retranché de la société, on lui expliquera clairement les raisons de tout cela, et de manière à faire une vive impression sur ses sens.

On ne manquera pas de lui faire observer surtout que nous sommes constitués en société pour nous prêter secours les uns les autres ; que nous sommes tous extrêmement intéressés à ce qu'il n'existe pas, parmi nous, de mendians ni d'usuriers, parce que la mendicité et l'usure sont les fléaux de la société (1).

Qu'il soit riche ou non, on aura soin de lui inspirer le goût du travail.

On procédera de même pour les élémens du langage ; pour les arts libéraux et mécaniques ; enfin, il est nécessaire que l'élève comprenne parfaitement tout ce qu'on se propose de lui apprendre. Tel est le but de l'enseignement.

Passant ensuite à l'éducation civile et politique

---

(1) La mendicité et l'usure ne peuvent être que le résultat d'un gouvernement vicieux et mauvais. Dans une société bien organisée, il ne doit pas exister un seul mendiant ni un seul usurier.

J'ai passé une année entière, dans un petit village de province, qui contient tout au plus cent vingt maisons, il n'y avait presque pas de jour où il ne se présenta, du matin au soir, cent mendians au moins, à la porte de la maison où j'étais. Ils ont commis deux vols dans cette même maison.

qui concernent les citoyens et le gouvernement, je ferai remarquer en peu de mot, qu'il importe de commencer d'abord par l'étude approfondie de la loi naturelle.

Nous vivons parmi la nature, nous en sommes une portion, l'ignorer et nous ignorer nous même c'est évidemment rester dans un esclavage perpétuel, et marcher au hasard dans la carrière de la vie.

La science de la loi naturelle est pour les choses civiles et politiques, ce que la science des mathématiques est pour la grandeur et ses propriétés.

Rien n'est si propre à faire ressortir les vices des gouvernemens européens que la connaissance de cette loi ; rien non plus ne saurait la remplacer pour l'établissement d'une solide constitution.

Ainsi, la connaître, c'est connaître la cause de toutes les autres lois, qui en sont les effets.

Si donc les lois civiles et politiques se trouvent en harmonie avec la loi naturelle, elles sont bonnes ; si au contraire, elles impliquent contradiction, elles sont mauvaises ; c'est-à-dire, qu'il y a concordance dans le premier cas, et discordance dans le second, entre la cause et les effets.

Par exemple, la loi qui règle et établit les droits, les intérêts, les biens et les propriétés de chaque particulier, est une bonne loi, parce qu'elle est d'accord avec la loi naturelle, qui veut que chacun ait le sien, et que nul ne puisse jouir ou posséder au préjudice d'un autre.

Mais la loi qui permet au père de famille d'avantager l'un de ses enfans au préjudice des autres, n'est pas d'accord avec la loi naturelle, qui l'oblige de les traiter tous également (1).

Il en est de même de celle sur le droit d'aînesse, de celle sur les majorats, de celle sur les distinctions de naissance (2), de celle sur les élections des députés, qui toutes établissent des priviléges que la loi naturelle réprouve.

La loi qui défend, en tout ou en partie, la liberté de la presse, est une loi qui se trouve tout-à-fait en contradiction avec la loi naturelle, qui veut que chacun puisse librement exprimer sa pensée, quand il croit devoir le faire dans l'intérêt public ou privé.

Les coalitions entre rois, arrêtées dans leurs intérêts personnels, au préjudice des intérêts populaires, sont des actes qui ne sauraient être de longue durée, parce que la loi naturelle ne les souffre pas plus que la santé ne souffre la douleur.

Mais il n'en est pas de même des coalitions entre peuples, résolues pour l'amélioration de leur sort, de leur état : la loi naturelle les permet d'autant mieux que cette amélioration ne saurait exister sans

---

(1) Cette loi, quoique fondée en raisons, a divisé bien des familles. Elle a fait aussi commettre plusieurs assassinats dont deux jugés à ma connaissance.

(2) Les seules distinctions admissibles sont celles que la loi naturelle établit elle-même, et qui ont leur source dans les facultés de l'âme.

être en harmonie avec elle; et puis les peuples sont les souverains de la terre, et c'est tout dire.

Enfin la loi qui ordonne la peine de mort ne saurait être plus contraire à la loi naturelle ; cependant elle existe partout, dans tous les gouvernemens, et Dieu sait si elle apporte quelque amélioration dans l'ordre social.

Ces exemples, que je pourrais multiplier à l'infini, prouvent suffisamment que la connaissance de la loi naturelle est la base fondamentale de toutes les autres connaissances.

Il suit de là que son enseignement doit avoir lieu dans toutes les communes, afin que tous les citoyens, présens et à venir, puissent avoir une notion parfaite de leurs droits et de leurs devoirs, les uns envers les autres.

Pour compléter l'éducation, on joindra à cet enseignement l'enseignement des vertus humaines et des vertus sociales, il n'y a pas d'autre morale qui convienne mieux; et c'est la seule capable de rendre heureux les peuples qui la pratiqueront.

Je rappelerai ici un livre que toutes les familles devraient avoir, parce qu'il est bon. C'est la morale des sages de tous les pays et de tous les siècles, ou collection épurée des moralistes anciens et modernes; par J.-B. Chemin. Ouvrage dédié aux familles, et à toutes les institutions qui ont pour objet l'enseignement de la morale. Edition de 1800, chez Devaux, libraire, à Paris, rue des Fossés-Saint-Germain-l'Auxerrois.

Je n'en connais pas de plus nouvelle. S'il n'en existe pas d'autre, et qu'elle soit épuisée, le propriétaire de l'ouvrage ne ferait pas mal de le reproduire de nouveau.

FIN.